Liebe Speckstein-Bastlerinnen, liebe Speckstein-Bastler,

mittlerweile gibt es etliche Speckstein-Bücher für Anfänger und Fortgeschrittene. Das Angebot an unterschiedlichen Farben und Qualitäten von Speckstein hat ebenso zugenommen.

Mein Anliegen ist es, Ihnen in diesem Buch die grenzenlose Vielfalt der Möglichkeiten mit Speckstein vorzustellen und Ihnen neue Wege zu zeigen, kreative und zugleich umsetzbare Ideen mit Speckstein zu finden.

Dabei habe ich besonderes Augenmerk auf die Art und Weise gelegt, mit welchem Werkzeug welches Ergebnis zu erzielen ist, denn die Freude am Material und das kreative Schaffen sollen nicht zu kurz kommen.

Viel Freude beim Gestalten.

Herzlichst

Maja Hanselmann

Maja Hanselmann

Ideen finden und umsetzen

Ideen zu finden, ist manchmal eine Kunst. Und gerade dann, wenn alle um den Tisch herum sitzen, voller Elan anfangen möchten Speckstein zu schnitzen, will sich keine richtige Idee einstellen. Ganz getreu nach dem Motto „Das Rad muss nicht zweimal erfunden werden“, ist das Stöbern in Wohnambiente-Zeitschriften, Katalogen und Bildbänden sehr hilfreich. Auch Bastelbücher aus anderen Hobbybereichen bieten Ideenansätze für schöne Formen und Ausführungen aus Speckstein.

Die Natur bietet eine Fülle an harmonischen Formen, wie die Spirale eines Farnes, die Form der Blätter oder die Ausgestaltung der Blumen.

Selbst in namhaften Möbelhäusern findet man immer wieder neue Formen, die sich für passende Objekte aus Speckstein anbieten. Das einzig Wichtige dabei ist das Hinschauen und die Beobachtung. Daraus ergibt sich eine Vielfalt, die sich unmittelbar auf Ihre Kreativität auswirken wird.

Der nächste Schritt kann sein, ein schönes Behältnis anzulegen, dem Sie einen Namen wie z.B. „Ideenkiste“ geben. Jedes Mal, wenn Ihnen eine Idee zu einer Form oder einer Skulptur einfällt, kurz aufmalen und ab damit in die Ideenkiste, vor allem, wenn gerade keine Zeit ist, die Idee gleich umzusetzen.

Sie glauben gar nicht, was es für ein Fest sein kann, solch eine Kiste nach längerer Zeit zu durchstöbern, um dann mit den ersten Objekten zu beginnen.

Material

Speckstein ist ein natürliches Gestein, das in verschiedenen Farben und Farbabstufungen, z.B. in grau, schwarz, weiss, hell- und dunkelgrün, ocker bis dunkelbraun vorkommt. Fast auf der ganzen Welt findet man Speckstein, auch Steatit oder Seifenstein genannt.

Der Speckstein, der im Hobbyfachhandel für plastisches Arbeiten angeboten wird, kommt meist aus Afrika, Australien, Asien oder Südamerika. Der europäische Speckstein ist eher hart.

Der importierte Speckstein ist sehr weich und lässt sich problemlos feilen, raspeln, schnitzen, bohren, schleifen und polieren. Die leichte Bearbeitung und sein attraktives Aussehen machen ihn zum idealen Material für plastisches Arbeiten. Selbst Anfänger erzielen nach kurzer Zeit schöne Ergebnisse.

Lassen Sie sich beim Kauf des Materials von der Form der unterschiedlichen Specksteine leiten. Manche Rohsteine zeigen bereits eine mögliche angedeutete Form. Fragen Sie im Hobbyfachgeschäft nach einem feuchten Lappen. Wischen Sie mit dem feuchten Lappen über die Oberfläche. So erhalten Sie eine ungefähre Vorstellung von der Farbe und der Maserung des Specksteins.

Werkzeug

Schauen Sie auch zu Hause in den Handwerkskoffer! Wichtig: Verwenden Sie niemals instabile Werkzeuge wie z.B. ein Haushaltsmesser.

(v.l.n.r.)

<u>Oben:</u> Schleifpapier, Poliermittel, Lederfett, Fuchsschwanzsäge, Flachfeile, Rundfeile, Universalfeile, Rundhalsfeile

<u>Unten:</u> Hammer, drei Beitel, fünf Feinwerkzeuge, Kerbmesser, Lochzieher

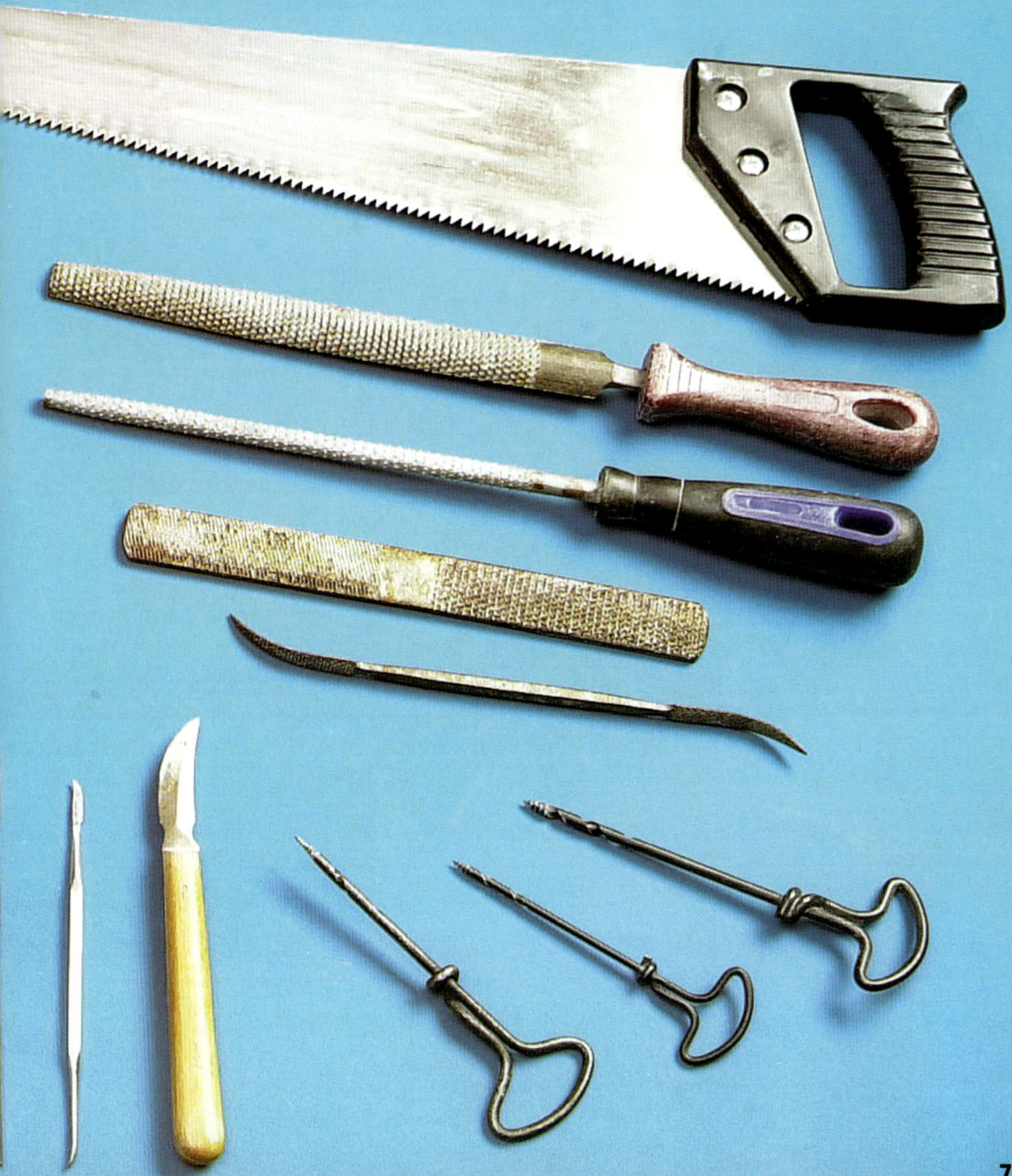

Arbeitsschritte

Im Sommer macht das Arbeiten mit Speckstein besonders viel Spaß. An der frischen Luft wird der feine Staub bei der Entstehung des neuen Werkes natürlich verweht.

Im Winter bietet sich meist der Bastelkeller oder der Küchentisch an, wobei die Staubentstehung durch ein großes, feuchtes Tuch als Untergrund die beste Form ist, Staubentwicklung zu vermeiden. Durch die Feuchte wird der Staub gebunden. Klopfen Sie den Staub von Zeit zu Zeit einfach ab und waschen Sie das Handtuch zum Schluss aus.

Im Wesentlichen besteht die Bearbeitung von Speckstein aus vier Arbeitsschritten:

1. Feilen
2. Feinarbeit mit Feinwerkzeug
3. Schleifen
4. Polieren

1 Im ersten Schritt arbeiten Sie mit der Flach-, Rund- oder Universalfeile die grobe Struktur der Form heraus.

2 Mit der feinen Rundhalsfeile oder auch der Rundfeile können Sie Einkerbungen, Rundungen und andere feinere Formen zustande bringen.

An dünnen Specksteinstellen sollten Sie darauf achten, das Werkzeug mit wenig Druck zu benutzen, sonst könnte ein Teil wegbrechen.

3 Nachdem Sie die Konturen der Form annähernd herausgearbeitet haben, können Sie mit einer Holzsäge noch immer überschüssiges Material abgesägen.

Bedenken Sie jedoch: Was weg ist, ist weg.

4 Mit dem Kerbmesser können Sie vielfältig arbeiten. Es ist ein spezielles Kerbmesser, dessen Klinge sehr stabil in den Schaft eingearbeitet ist. Das Kerbmesser ist stumpf; somit können auch Kinder eher damit arbeiten.

Wichtig dabei: Bitte immer vom Körper weg arbeiten.

5 Die Beitel aus der Holzbearbeitung sind bei größeren Aushöhlungen oder Vertiefungen ideal. Am besten zu Anfang an einem Speckstein üben und dabei die Hände so positionieren, dass keine Verletzungsgefahr besteht.

6 Das Feinwerkzeug, bekannt vom Zahnarzt, ist durch die stabile Verarbeitung das beste Werkzeug zur Bearbeitung von Rillen, feinen Einkerbungen oder kleinen, aber tiefen Aushöhlungen im Speckstein.

7 Mit dem Schneidmesser, das sehr scharf ist, kann künstlerisch sehr fein gearbeitet werden. Gerade wenn Sie Strukturen hervorheben möchten, ist das Schneidmesser ideal.

8 Ein weiteres Feinwerkzeug kommt hier zum Einsatz. Das Werkzeug ist aus speziell gehärtetem Stahl gearbeitet und bietet höchste Sicherheit. Hier entsteht eine kleine, aber tiefe Aushöhlung innerhalb kürzester Zeit.

9 Der Lochzieher bietet sich z.B. für Schmuck oder den im Buch bebilderten Blumensteckern auf Seite 22–23 an.

Ich empfehle Ihnen, das Lochziehen an dünneren Reststücken zu üben. Drehen Sie den Lochzieher im Uhrzeigersinn mit etwas Druck in den Speckstein. Sobald Sie spüren, dass der Lochzieher feststeckt, drehen Sie ihn entgegen dem Uhrzeigersinn ohne Druck wieder heraus. Wiederholen Sie diesen Vorgang, bis das gewünschte Loch tief genug ist, oder Sie durch das Material gestoßen sind.

Schleifen und Polieren

Schleifen

Schleifpapier gibt es in unterschiedlichsten Körnungen und Ausführungen. Maßgebend für ein gutes Ergebnis ist nicht das Schleifpapier an sich, sondern wie lange und mit welchem Schleifpapier Sie schleifen. Dabei sollten Sie immer mit der groben Körnung beginnen und mit der feinen Körnung enden. Es reicht beim Schleifpapier für Holz (orangefarbene Blätter) aus, wenn Sie die Körnung 80, 120 und 240 bereit halten.

Der zweite Schliff wird dann in einer Plastikwanne oder direkt im Spülbecken (mit kaltem oder warmen Wasser) unter Wasser vorgenommen.

Wichtig: Es sollte Nassschleifpapier sein (schwarze Blätter) mit den Körnungen 400, 600 und 800.

Der Trick: Schleifen Sie immer dem Verlauf der durch die Holzfeilen entstandenen Vertiefungen entlang. Dann benötigen Sie weniger Zeit.

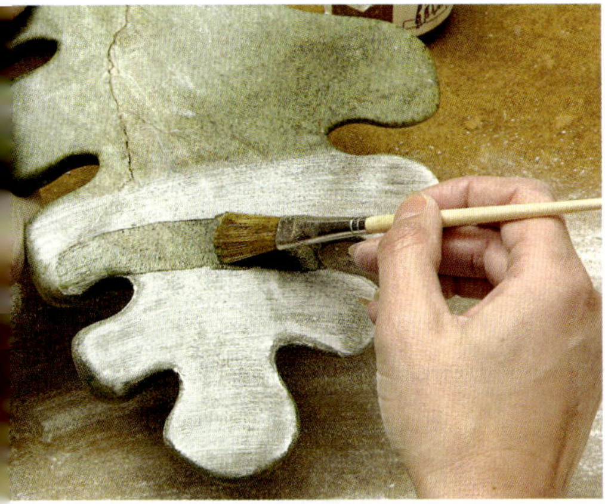 

Polieren

Für Skulpturen gibt es in den Bastelläden spezielle Öle. Wenn Sie mit Kindern zusammen basteln, ist es sinnvoll, ein lösemittelfreies Polieröl oder ein Lederfett zu verwenden. Sie können auch fette Öle wie Olivenöl, Distelöl oder Walnussöl (duftet gut) verwenden. Meistens jedoch verblasst die schöne Oberflächenstruktur wieder und wird matt, weil der Speckstein eine poröse Oberfläche besitzt.

Bei der Arbeit mit Kindern empfehle ich Ihnen 2 Arbeitsschritte:

- Zuerst ein fettes Öl auftragen und ca. 5 Minuten einwirken lassen, bis an der Oberfläche keine glänzenden Ölreste mehr sichtbar sind.
- Danach die Oberfläche nochmals mit einem Lederfett einreiben und ca. 5 Minuten einwirken lassen. Das Objekt mit einem Baumwolllappen von Fettresten befreien und wie beim Schuhputzen kurz polieren.

Topfuntersetzer

Immer da, wo gewartet wird, z.B. beim Frisör oder Zahnarzt, gibt es Zeitschriften, die sich auf speckstein-geeignete Formen absuchen lassen. Und wenn Sie Ihre Zeit gerne in Buchhandlungen verbringen, bietet sich Ihnen dort eine immense Fülle an Büchern zu Bildhauerei, Formengebung und Skulpturen.

In einer Zeitschrift war dieser Topfuntersetzer aus Holz abgebildet – und alles aus Holz lässt sich genauso gut aus Speckstein herstellen.

Arbeitsschritte

- Als Topfuntersetzer eignet sich der härtere Speckstein gut. Meistens sind die dunkleren Specksteine die härteren.
- Geeignete Größe wählen oder von einem großen Speckstein absägen.
- Gestaltungsform wählen. Möglichst viel Fläche beibehalten.
- Mit dem Rundbeitel die Einkerbungen herausschnitzen oder mit der Rundfeile arbeiten.
- Oberfläche mit der Flachfeile gleichmäßig flach feilen.
- Mit dem Schleifpapier schleifen und polieren (siehe Seite 12 – 13).

Wichtige Werkzeuge

Rundbeitel und Flachfeile

Rundbeitel und Flachfeile sind hier die besten Werkzeuge. Die Flachfeile wird benutzt, da sie eine gerade und eine halbrunde Seite besitzt. Die flache Seite der Feile garantiert, dass die Topfuntersetzer eine gerade Oberfläche erhalten.

Windspiel

Was ist Ihre Glückszahl? Was Ihr Lieblingstier? Welche Formen liegen Ihnen mehr? Die eckigen oder die runden?

Das könnten Fragen sein, die Sie am Schluss zu der Form führen, die zu einem Windspiel wird.

Meine Glückszahl ist die Acht. Im Feng-Shui hat die Acht die Bedeutung „glücksbringend“ und steht stellvertretend für das Licht.

Arbeitsschritte

- Meistens entstehen kleinere Stücke als Reste, wenn an einem größeren Speckstein gearbeitet wurde. Oder Sie sägen Scheiben von einem größeren Speckstein ab, um diese dann mit dem Hammer klein zu klopfen.
- Die kleinen Stücke mit grobem Schleifpapier oder der Rundfeile in die endgültige Form bringen.
- Skizzieren Sie, wie Sie das fertige Windspiel aufhängen möchten.
- Mit dem Schleifpapier schleifen und polieren (siehe Seite 12 – 13).
- Die fertigen Teile mit Nylonschnüren an einer Halterung befestigen.

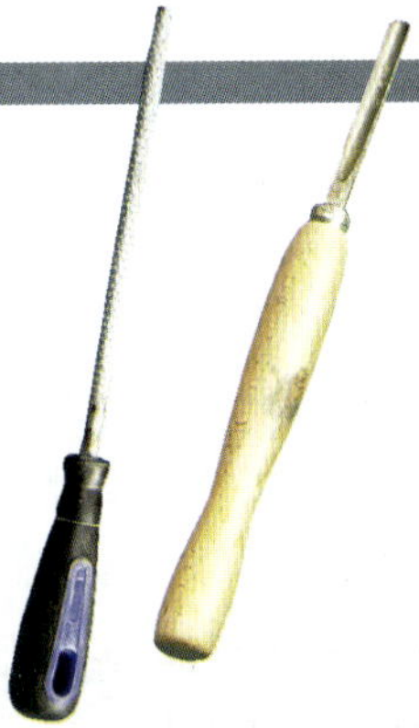

Wichtige Werkzeuge

Rundfeile

Die Rundfeile ist zur Herstellung eines Windspieles mit der abgebildeten Form notwendig. Beachten Sie, je kleiner die Stücke sind, umso weniger Druck sollten Sie auf die Rundfeile geben. Einfach locker entlang feilen.

Kerbmesser

Um Rundungen oder Vertiefungen aus dem Material herauszuarbeiten, ist das Kerbmesser ideal. Bitte kaufen Sie sich ein Kerbmesser und verlassen sich nicht auf vorhandene Küchenmesser. Meist ist hier die Klinge nicht stabil genug in den Schaft eingearbeitet (Verletzungsgefahr).

Kettenhalter

Eine schöne Skulptur sieht nicht nur gut aus, sondern kann auch Ordnung schaffen. Nachdem meine Halsketten immer verstreut im Badezimmerschrank lagen, galt es, Ordnung herzustellen.

Welche Form Sie wählen, liegt ganz bei Ihnen. Ich habe für das Badezimmer, in dem die Körperreinigung die wichtigste Rolle spielt, einen abstrakten Frauenkörper gewählt.

Arbeitsschritte

- Einen geeigneten Speckstein auswählen. Am besten mit einem feuchten Lappen über die Specksteine wischen. So können Sie die Musterung ein wenig „erahnen".
- Mit einem Bleistift auf dem Speckstein anskizzieren, wie die Form aussehen soll.
- Mit der Universalfeile die grobe Struktur herausarbeiten.
- Mit dem Feinwerkzeug und dem Kerbmesser die gewünschten Vertiefungen herausarbeiten.
- Mit dem Schleifpapier schleifen und polieren (siehe Seite 12 – 13).

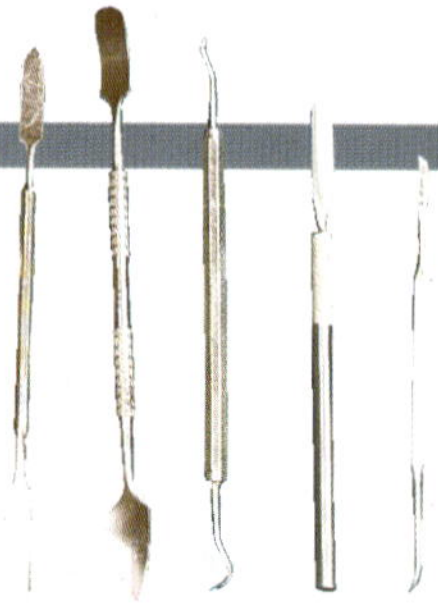

Wichtige Werkzeuge

Feinwerkzeuge

Auf Flohmärkten habe ich dieses scharfe und sehr stabile Werkzeug aus der Zahntechnik gefunden. Es ist für kleinere Einkerbungen, Ritzen und zum feineren Schnitzen bestens geeignet. Allerdings ist Vorsicht beim Umgang von Kindern mit diesem Werkzeug geboten!

Schale

Eine Schale ist nicht immer „nur“ eine Schale.

In diese Schale wird nichts hineingelegt. Sie dient der reinen Betrachtung im Wohnzimmer. Einfach so. Natürlich kann sie auch zu einer Räucherstäbchen-Schale umfunktioniert werden, ganz nach Ihrer Wohlfühlstimmung und Ihrem Geschmack.

Arbeitsschritte

- Geeigneten Speckstein auswählen. Wählen Sie, je nach Standort der Schale, die Farbe des Specksteines.
- Mit dem Rundbeitel und nachfolgend dem Kerbmesser die gewünschte Vertiefung herausarbeiten.
- Mit der Universalfeile die Ränder und die Kanten herausarbeiten.
- Mit dem Schleifpapier schleifen und polieren (siehe Seite 12 – 13).

Wichtige Werkzeuge

Rundbeitel

Für größere Vertiefungen und Rundungen bei Schalen bietet sich dieses Werkzeug sehr gut an. Es sollte wie in der Abbildung einen langen Schaft besitzen, damit es gut in der Hand liegt. Mit den unterschiedlichen Beiteln sollten Sie vorwiegend im Stehen arbeiten. Dann benötigen Sie weniger Kraft durch die Hebelwirkung. Am besten immer vom Körper weg arbeiten.

Blumenstecker

Aus Restmaterial lassen sich sehr schöne Blumenstecker basteln. Auch hier steht Ihnen eine unendliche Vielfalt an Formen zur Verfügung. Oder lassen Sie sich von den Vorschlägen auf Seite 35 inspirieren.

Blumenstecker in Verbindung mit einer selbstgezogenen Pflanze sind ein besonderes Geschenk.

Arbeitsschritte

- Je nach Grösse des Specksteines z.B. geometrische Figuren herausarbeiten.
- Mit dem Schleifpapier in Form bringen und polieren (siehe Seite 12 – 13).

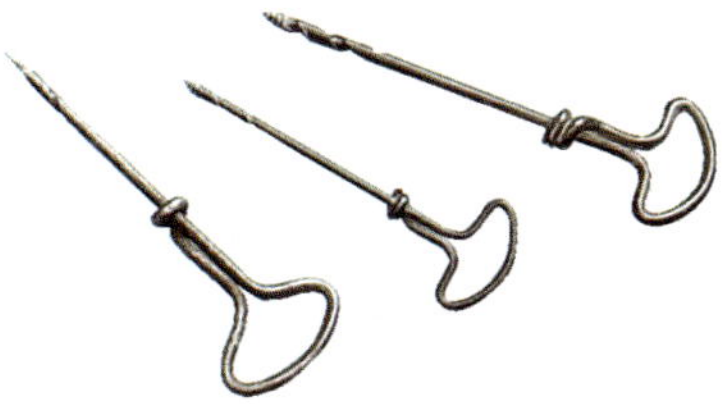

Wichtige Werkzeuge

Schleifpapier

Am einfachsten und effektivsten kommen Sie bei kleinsten Specksteinstücken mit Schleifpapier grober und mittlerer Körnung zurecht. Ist der Speckstein sehr weich, eher feineres Schleifpapier verwenden.

Lochzieher

In unterschiedlichen Grössen eignen sich die Lochzieher für alle Arten von kleineren Löchern bei Skulpturen und Schmuck. Am besten an einem kleinen Stück die Generalprobe machen, bevor Sie es an Ihrem erarbeiteten Specksteinstück austesten.

Magnetteile

Wer hat angerufen? Wer muss noch Milch besorgen? Wann ist der Arzttermin? Wer muss woran erinnert werden?

Und welches Küchenteil bietet sich besser als Informatiosaustausch an als der Kühlschrank?

Natürlich erhält jedes Familienmitglied sein individuelles und persönliches Magnetteil.

Arbeitsschritte

- Je nach Größe des Specksteines, z.B. Tierfiguren herausarbeiten.
- Mit dem Schleifpapier in Form bringen und polieren (siehe Seite 12–13).

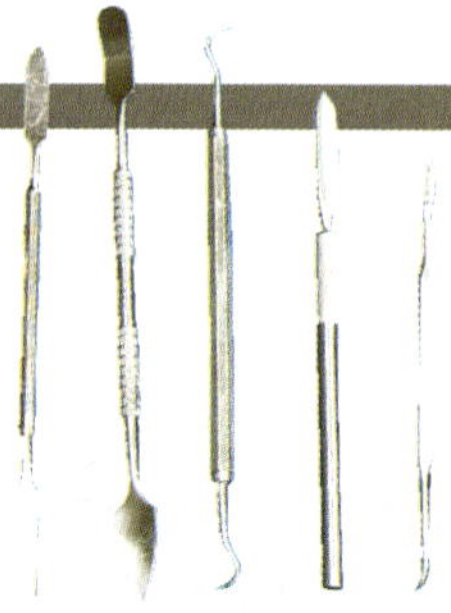

Wichtige Werkzeuge

Feinwerkzeuge

Für kleinere Einkerbungen, Ritzen und zum feineren Schnitzen bestens geeignet. Vorsicht ist beim Umgang von Kindern mit diesem Werkzeug geboten!

Muschel als Bildhalter

Leider verschwinden die schönsten Urlaubs- und Erinnerungsbilder meistens in Pappkarton. Hier eine Idee, um die angenehmen Erinnerungen immer wieder präsent zu haben. Je nach Jahreszeit oder Stimmung bietet dieser Bildhalter immer wieder Platz für neue und wechselnde Eindrücke.

Arbeitsschritte

- Beim geeigneten Speckstein die gesamte Fläche mit der Universalfeile oder der Flachfeile glätten.
- Mit dem Kerbmesser eine Spirale oder ein anderes Muster einritzen.
- Mit dem Schleifpapier in Form bringen und polieren (siehe Seite 12–13).

Wichtige Werkzeuge

Kerbmesser

Um Rundungen oder Vertiefungen aus dem Material herauszuarbeiten, ist das Kerbmesser ideal. Haben Sie für das Einritzen der Spirale oder eine andere Vertiefung kein Kerbmesser zur Hand, bietet sich auch Feinwerkzeug an oder je nach Größe und Form, Schleifpapier der feinen Körnung.

Engel

Inspiriert durch die Weihnachtszeit entstand die Idee zu diesem Engel. Faszinierend an dieser Skulptur ist, dass durch die Negativform zwischen den Flügeln die Körperlosigkeit des Engels veranschaulicht wird.

Zunächst war nur eine große Masse Speckstein vorhanden. Indem Sie Zwiesprache mit Ihrem Speckstein halten, ergibt sich die richtige Form.

Arbeitsschritte

- Mit einem Bleistift auf dem Speckstein anskizzieren, wie die Form aussehen soll.
- Mit der Rundfeile und nachfolgend der Universalfeile die grobe Struktur herausarbeiten.
- Mit dem Feinwerkzeug und dem Kerbmesser die gewünschten Vertiefungen herausarbeiten.
- Mit dem Schleifpapier schleifen und polieren (siehe Seite 12 – 13).

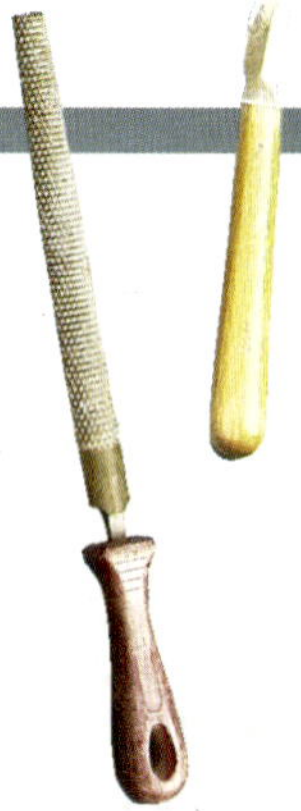

Wichtige Werkzeuge

Flachfeile
Sie eignet sich für die grobe Bearbeitung, wenn die grobe Struktur aus dem Speckstein herausgearbeitet werden soll.

Kerbmesser
um Rundungen oder Vertiefungen aus dem Material herauszuarbeiten (siehe auch Seite 27).

Schlüsselanhänger

Ganz vergraben lag das längliche Stück Speckstein beim Bastelbedarf in der Specksteinkiste. Nachdem ich die volle Länge sah, kam mir das Bild einer Schlange. Und wer hat zu Hause schon eine Schlüsselschlange an der Wand hängen?

Arbeitsschritte

- Mit der Flachfeile die grobe Struktur herausarbeiten.
- Mit dem Lochzieher Vertiefungen bohren.
- Mit dem Schleifpapier die gesamte Figur schleifen oder Teilbereiche ungeschliffen belassen.
- Die Schlüsselhaken in Uhrzeigerrichtung eindrehen.
- Die Specksteinfigur polieren (siehe Seite 12 – 13).

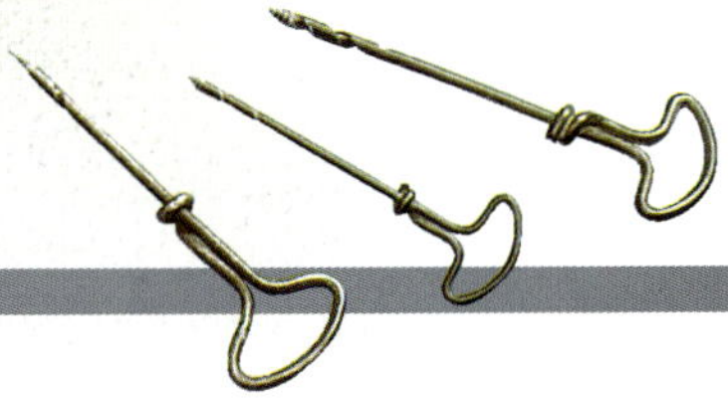

Wichtige Werkzeuge

Universalfeile

Sie liegt leichter in der Hand als die Flachfeile und eignet sich für mittlere und kleinere Specksteine. Mit der Universalfeile kann die grobe Struktur der späteren Specksteinform herausgearbeitet werden.

Lochzieher

In unterschiedlichen Größen eignen sich die Lochzieher für alle Arten von kleineren Löchern bei Skulpturen und Schmuck. Am besten bei einem kleinen Stück die Generalprobe machen, bevor Sie es an Ihrem erarbeiteten Specksteinstück austesten.

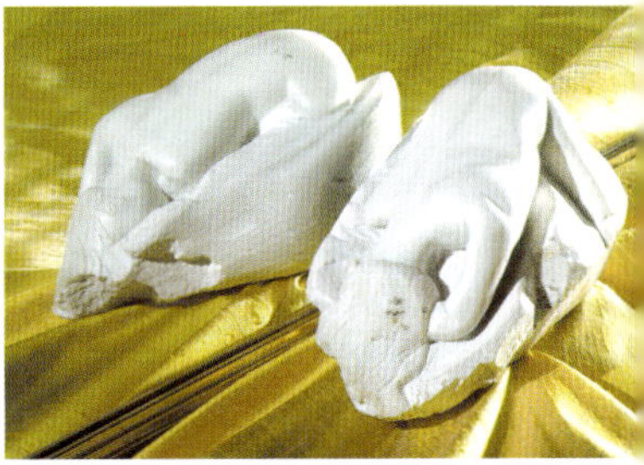

Rodin-Figur

Diese Figur könnte Ihr Meisterstück werden.

Die gesamte Figur ist ca. 15 cm lang und 12 cm breit. Insgesamt vier Wochen betrug die Zeitspanne, bis dieses Werk fertiggestellt war.

Es gibt beim Speckstein eine Faustregel: Je größer der Speckstein ist und je feiner gearbeitet wird, desto länger werden Sie benötigen, um das Objekt fertig zu stellen.

Bevor Sie sich an schwierige Arbeiten heranwagen, ist es hilfreich, mit Ton zu üben. Sie erhalten Ton in jedem größeren Bastelshop. Üben Sie die Proportionenverteilungen des menschlichen Körpers. Liegt Ihnen Ton nicht, so üben Sie mit dem Bleistift und versuchen Sie, viele Gegenstände realistisch und dreidimensional mit Licht und Schatten zu zeichnen. Es gilt die Regel: Üben, üben, üben.

Arbeitsschritte

- Mit einem Bleistift auf dem Speckstein anskizzieren, wie die Form aussehen soll.
- Mit der Rundfeile und nachfolgend der Universalfeile die grobe Struktur herausarbeiten.
- Mit dem Feinwerkzeug und dem Kerbmesser die gewünschten Vertiefungen herausarbeiten.
- Mit dem Schleifpapier schleifen und polieren (siehe Seite 12 – 13).

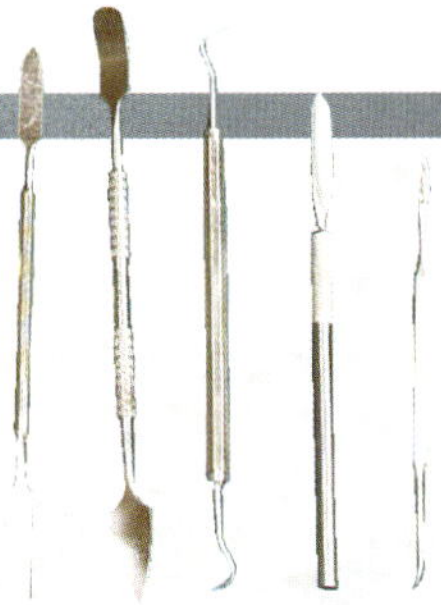

Wichtige Werkzeuge

Feinwerkzeuge

Grundsätzlich gilt, je feiner die Strukturen aus dem Speckstein gearbeitet werden, umso feiner und kleiner sollte das benötigte Werkzeug dazu sein. Im Hobbybastelladen findet sich bestimmt das richtige Werkzeug für Ihre Speckstein-Ideen.

Alabaster

Alabaster liegt im Härtegrad zwischen Speckstein und Mamor. In der Antike wurde das Material hauptsächlich zur Fertigung von sehr großen Körperskulpturen der Götter- und Heldenfiguren verwendet.

Das Spektrum an Farbnuancen zeigt als Grundton meistens milchigweiß mit unterschiedlichen Farbeinschlüssen von rosa, beige, rot und schwarz. Alabaster ist an seiner Lichtdurchlässigkeit erkennbar. Die Dichtigkeit der Farbe kann jedoch bis milchig licht-undurchlässig reichen.

Alabaster ist härter als Speckstein, kann jedoch mit dem gleichen Werkzeug bearbeitet werden wie Speckstein. In gleicher Weise wie Speckstein kann Alabaster geschliffen und poliert werden.

In unserer Zeit wird Alabaster ar ehesten zur Lampen- und Leucht herstellung verwendet, da das Material in Verbindung mit einer Glühbirne ein angenehmes indire tes Licht erzeugt.

Glückssymbole

Lassen Sie sich inspirieren: Glückssymbole aus verschiedenen Kulturen können die Basis für neue Ideen sein!

Tiersymbolik

Schildkröte:	steht für ein langes Leben
Kranich:	schützt Ihre Gesundheit und Lebenskraft
Zikade:	Wahrzeichen des Glücks und der ewigen Jugend
Fledermaus und Schwalbe:	erhalten den guten Haussegen
Schwein:	bringt und hält Fruchtbarkeit
Marienkäfer:	Erfolg, Fruchtbarkeit, Geld
Herz:	bringt Glück für Körper und Seele

Farbsymbolik

Weiß:	Sinnbild der Göttlichkeit
Rot:	Feuer und Blut
Orange:	verbindet Körper und Geist
Gelb:	geistige Aktivität und Erneuerung
Grün:	Schöpfung / weiblicher Aspekt der Natur
Blau:	geistige, spirituelle Seinsebene / Weisheit
Violett:	Mäßigung / Weisheit der Liebe
Schwarz:	Symbolik für das schöpferische Moment, den Ursprung

Maja Hanselmann

Speckstein

ideenreich formen

Oftmals ist es die fehlende Idee oder die Frage nach der Umsetzung, die unsere Kreativität einschränkt. Dabei geht beides spielend von allein, wenn die künstlerische Blockade erst einmal beseitigt ist.

In diesem Buch finden Sie Tipps und Anregungen, wie Sie Ideen finden, um diese in Speckstein zu verwirklichen. Ebenso erhalten Sie Hilfestellung zur Auswahl der richtigen Werkzeuge und wie diese richtig angewendet werden.

Die Autorin arbeitet seit über 15 Jahren mit Speckstein und kann daher viele Tipps und Tricks zum ideenreichen Formen mit Speckstein verraten.

ISBN 3-00-015298-9

9 783000 152986

€ 5,90